AF221786

Impressum
Verlag: BABADADA GmbH, Nedderfeld 112 , 22529 Hamburg
Geschäftsführer / Verlagsleitung: Harald Hof
Druck: Books on Demand GmbH, In de Tarpen 42, 22848 Norderstedt

Imprint
Publisher: BABADADA GmbH, Nedderfeld 112 , 22529 Hamburg, Germany
Managing Director / Publishing direction: Harald Hof
Print: Books on Demand GmbH, In de Tarpen 42, 22848 Norderstedt, Germany

škola
Szkoła

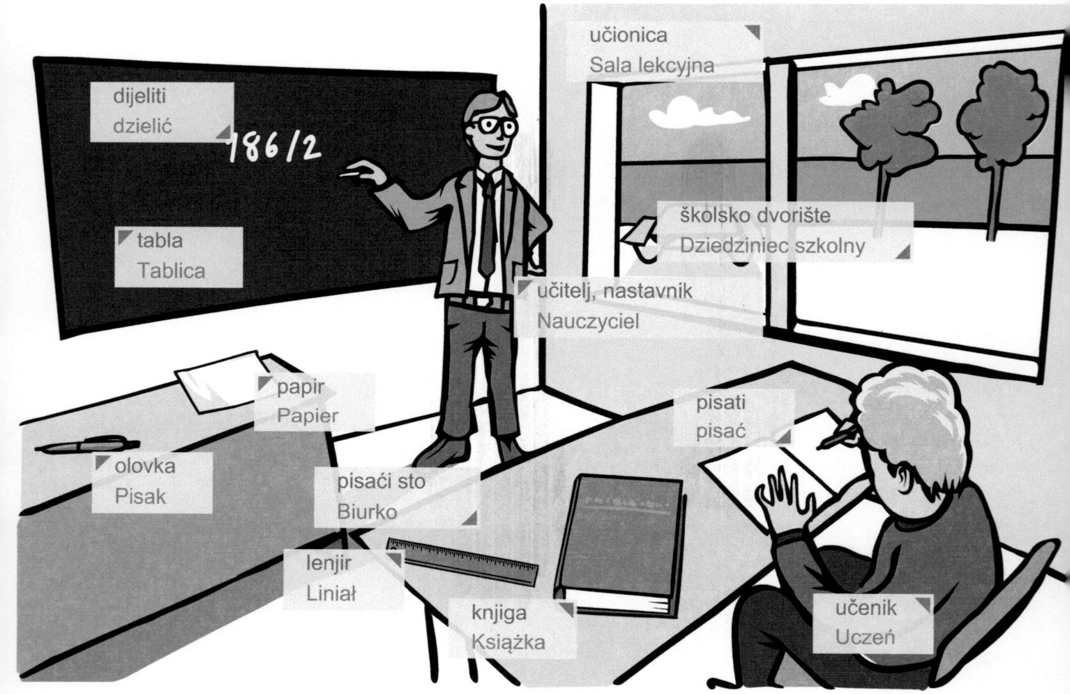
učionica
Sala lekcyjna
dijeliti
dzielić
186/2
tabla
Tablica
školsko dvorište
Dziedziniec szkolny
učitelj, nastavnik
Nauczyciel
papir
Papier
pisati
pisać
olovka
Pisak
pisaći sto
Biurko
lenjir
Liniał
knjiga
Książka
učenik
Uczeń

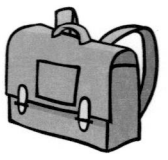

torba
Plecak szkolny

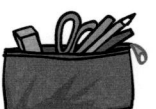

pernica
Piórnik

drvena olovka
Ołówek

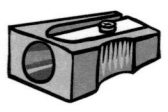

šiljalo za olovke
Temperówka

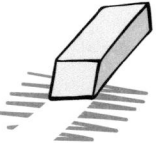

gumica
Gumka do mazania

blok za crtanje
Blok rysunkowy

crtež
....
Rysunek

kist
....
Pędzel

kutija s bojama
....
Pudełko z akwarelami

makaze
....
Nożyce

ljepilo
....
Klej

vježbanka
....
Książka do ćwiczenia

domaća zadaća
....
Zadanie domowe

broj
....
Liczba

2+2

sabirati
....
dodawać

5-2

oduzimati
....
odejmować

množiti
....
mnożyć

računati
....
liczyć

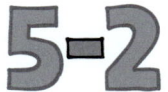

slovo
....
Litera

abeceda
....
Alfabet

riječ
....
Słowo

tekst

Tekst

čitati

czytać

kreda

Kreda

sat

Godzina

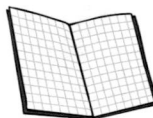

školski dnevnik

Dziennik lekcyjny

ispit

Egzamin

svjedočanstvo

Świadectwo

školska uniforma

Mundurek szkolny

izobrazba

Wykształcenie

leksikon

Leksykon

univerzitet

Uniwersytet

mikroskop

Mikroskop

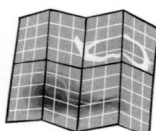

karta

Mapa

korpa za papir

Kosz na odpadki

putovanje
Podróż

hotel
Hotel
hostel
Schronisko
ROOMS
mjenjačnica
Kantor wymiany walut
kofer
Walizka
auto
Auto

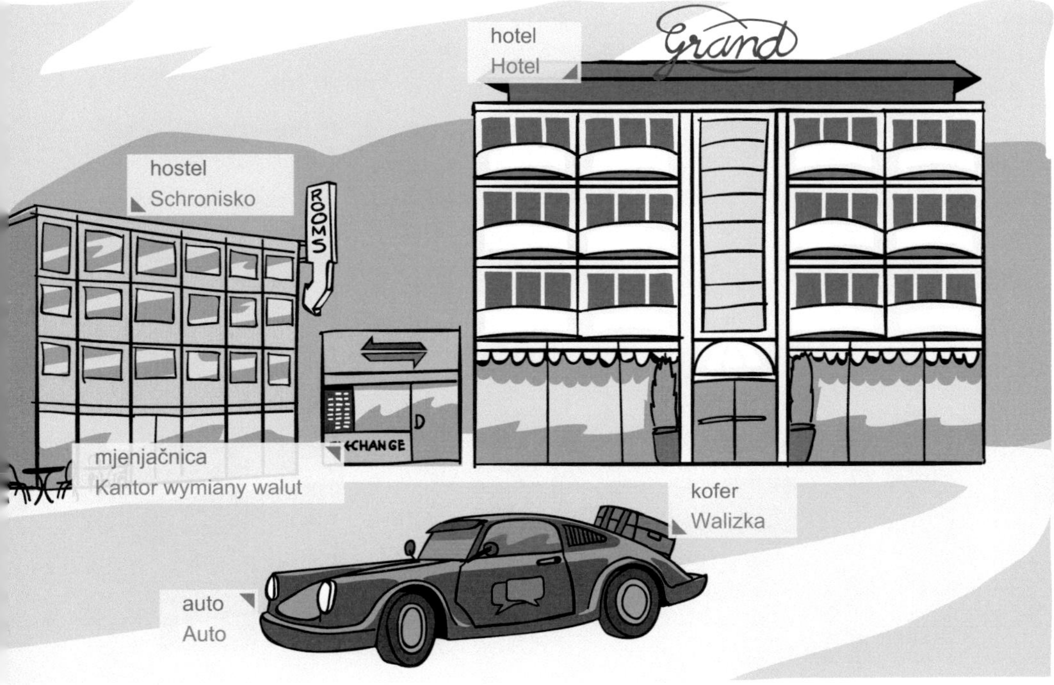

jezik

Język

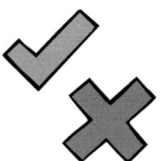

da / ne

tak / nie

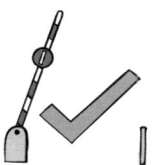

okej

OK

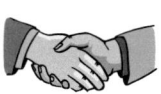

zdravo

Halo

tumač

Tłumacz

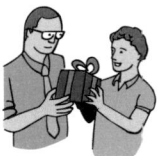

hvala

Dziękuję

Koliko košta...?

Ile kosztuje ...?

Ne razumijem

Nie rozumiem

problem

Problem

dobro veče!

Dobry wieczór!

Dobro jutro!

Dzień dobry!

Laku noć!

Dobranoc!

doviđenja

Do widzenia

smjer

Kierunek

prtljag

Bagaż

torba

Torba

ruksak

Plecak

gost

Gość

soba

Pokój

vreća za spavanje

Śpiwór

šator

Namiot

turističke informacije

Informacja turystyczna

plaža

Plaża

kreditna kartica

Karta kredytowa

doručak

Śniadanie

ručak

Obiad

večera

Kolacja

putna karta

Bilet

lift

Winda

poštanska markica

Znaczek na list

granica

Granica

carina

Cło

ambasada

Ambasada

viza

Wiza

pasoš

Paszport

transport

Transport

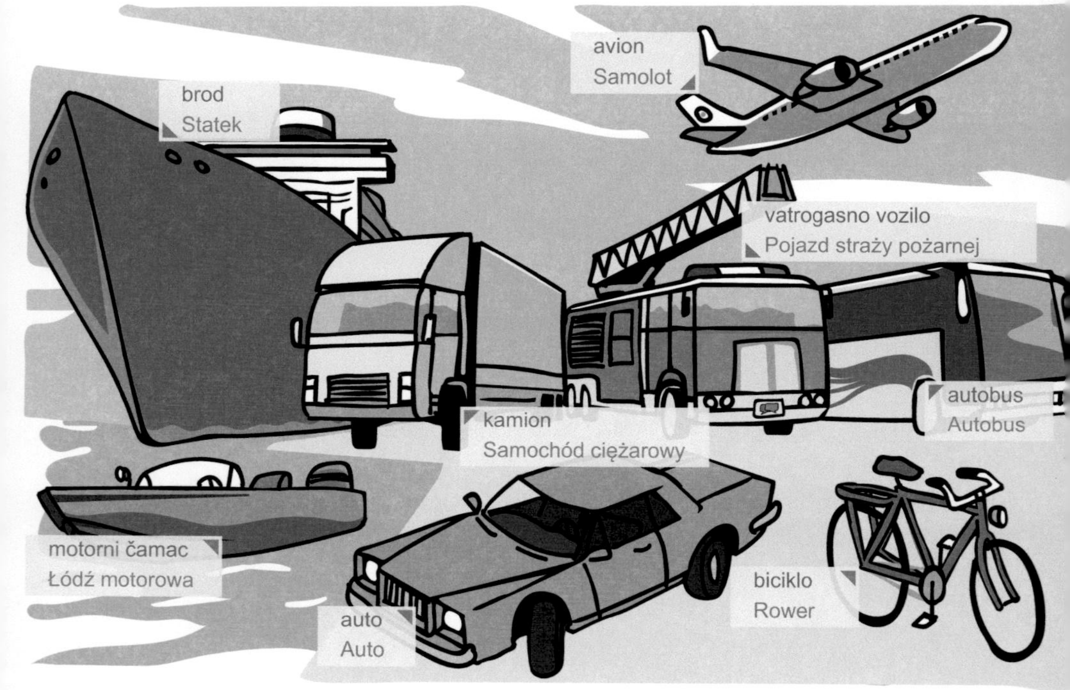

avion
Samolot
brod
Statek
vatrogasno vozilo
Pojazd straży pożarnej
autobus
Autobus
kamion
Samochód ciężarowy
motorni čamac
Łódź motorowa
biciklo
Rower
auto
Auto

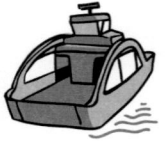

trajekt

Prom

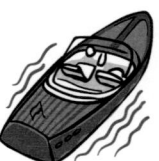

brod

Łódź

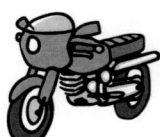

motocikl

Motocykl

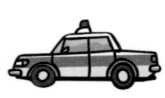

policijski automobil

Radiowóz policyjny

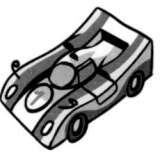

trkaći automobil

Samochód wyścigowy

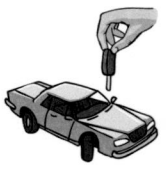

unajmljeni automobil

Samochód wypożyczony

kar-šering

Wspólne przejazdy
samochodem

pauk

Samochód pomocy
drogowej

smećarsko vozilo

Śmieciarka

motor

Silnik

gorivo

Benzyna

benzinska pumpa

Stacja benzynowa

saobraćajni znak

Znak drogowy

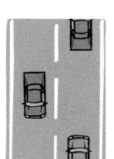

saobraćaj

Ruch

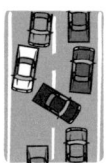

zastoj

Korek

parking

Parking

željeznička stanica

Dworzec

šine

Szyny

voz

Pociąg

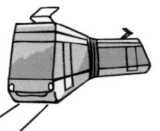

tramvaj

Tramwaj

vagon

Wagon

helikopter

Helikopter

aerodrom

Lotnisko

toranj

Wieża

putnik

Pasażer

kontejner

Kontener

karton

Karton

tačke

Taczka

korpa

Kosz

poletjeti / sletjeti

startować / lądować

grad

Miasto

selo

Wieś

centar grada

Centrum miasta

kuća

Dom

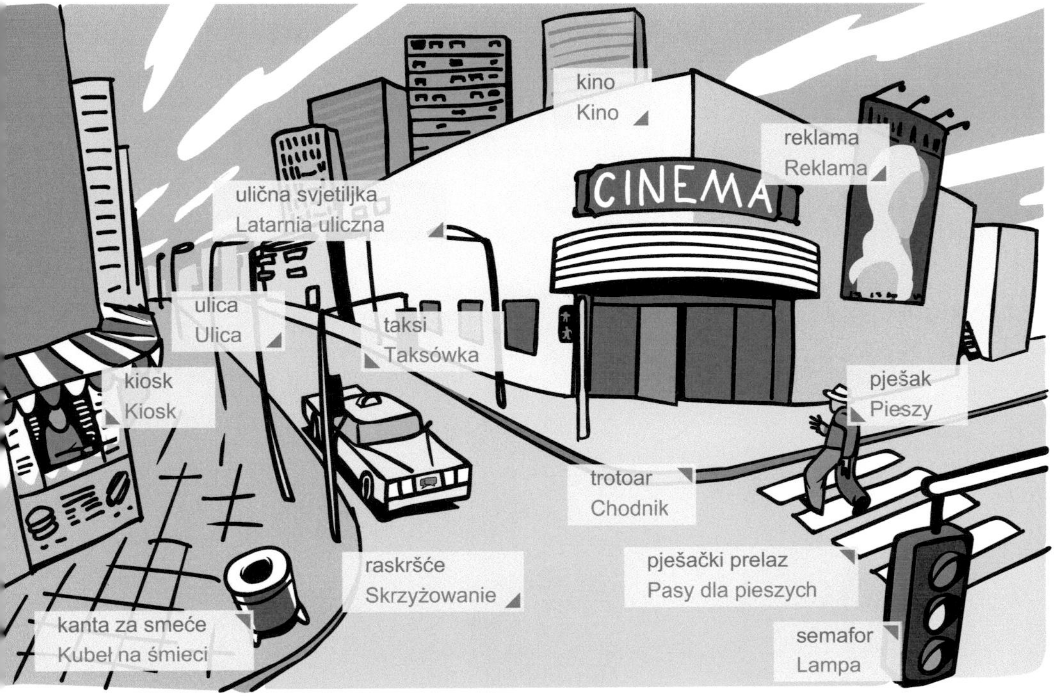

kino
Kino

reklama
Reklama

ulična svjetiljka
Latarnia uliczna

CINEMA

ulica
Ulica

taksi
Taksówka

pješak
Pieszy

kiosk
Kiosk

trotoar
Chodnik

raskršće
Skrzyżowanie

pješački prelaz
Pasy dla pieszych

kanta za smeće
Kubeł na śmieci

semafor
Lampa

koliba

Chata

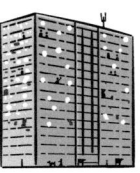

stan

Mieszkanie

željeznička stanica

Dworzec

vjećnica

Ratusz

muzej

Muzeum

škola

Szkoła

univerzitet

Uniwersytet

banka

Bank

bolnica

Szpital

hotel

Hotel

apoteka

Apteka

ured

Biuro

knjižara

Księgarnia

radnja

Sklep

cvjećara

Kwiaciarnia

supermarket

Supermarket

pijaca

Rynek

robna kuća

Dom towarowy

prodavač ribe

Sklep z rybami

trgovački centar

Centrum handlowe

luka

Port

park

Park

klupa

Ławka

most

Most

stepenice

Schody

podzemna željeznica

Metro

tunel

Tunel

autobuska stanica

Przystanek autobusowy

bar

Bar

restoran

Restauracja

poštanski sandučić

Skrzynka na listy

saobraćajni znak

Tabliczka z nazwą ulicy

sat za naplatu parkinga

Parkometr

zoološki vrt

Zoo

bazen

Łaźnia

džamija

Meczet

seosko imanje

Gospodarstwo chłopskie

zagađenje okoline

Zanieczyszczenie środowiska

groblje

Cmentarz

crkva

Kościół

igralište

Plac zabaw

hram

Świątynia

krajolik
Krajobraz

list
Liść

putokaz
Drogowskaz

putokaz
Droga

livada
Łąka

kamen
Kamień

drvo
Drzewo

putnik
Wędrowiec

rijeka
Rzeka

trava
Trawa

cvijet
Kwiat

dolina

Dolina

brdo

Góra

jezero

Jezioro

šuma

Las

pustinja

Pustynia

vulkan

Wulkan

dvorac

Zamek

duga

Tęcza

gljiva

Grzyb

palma

Palma

komarac

Komar

muha

Mucha

mrav

Mrówka

pčela

Pszczoła

pauk

Pająk

buba

Chrząszcz

žaba

Żaba

vjeverica

Wiewiórka

jež

Jeż

zec

Zając

sova

Sowa

ptica

Ptak

labud

Łabędź

divlja svinja

Dzik

jelen

Jeleń

los

Łoś

brana

Tama

vjetrenjača

Wiatrak

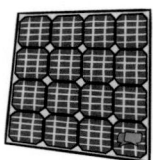

solarni modul

Moduł solarny

klima

Klimat

restoran
Restauracja

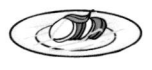

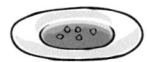

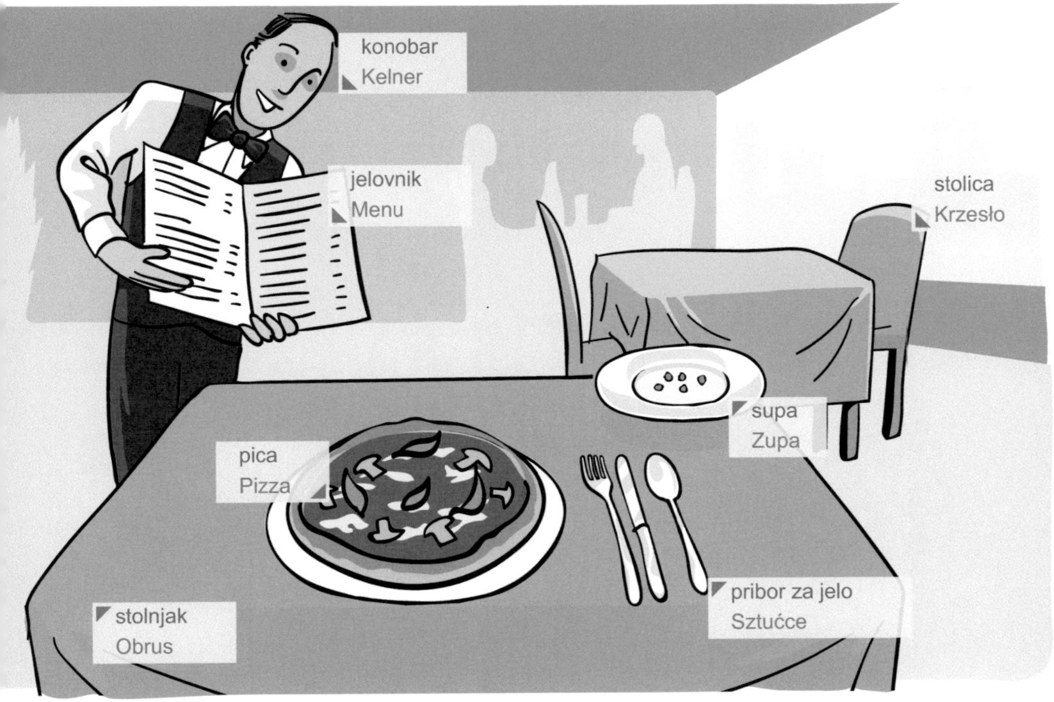
konobar
Kelner
jelovnik
Menu
stolica
Krzesło
supa
Zupa
pica
Pizza
pribor za jelo
Sztućce
stolnjak
Obrus

predjelo

Przystawka

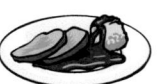

glavno jelo

Danie główne

desert

Deser

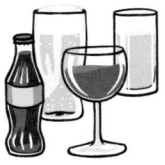

piće

Napoje

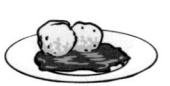

jelo

Jedzenie

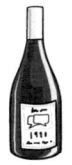

flaša

Butelka

brza hrana

Fastfood

jelo sa ulice

Streetfood

čajnik

Dzbanek na herbatę

šećernica

Cukierniczka

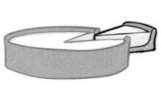

porcija

Porcja

mašina za espreso

Zaparzarka do espresso

barska stolica

Krzesło dla dziecka

račun

Rachunek

tacna

Taca

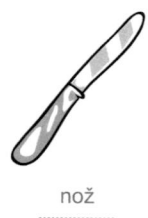

nož

Nóż

viljuška

Widelec

kašika

Łyżka

kašičica

Łyżeczka

salveta

Serwetka

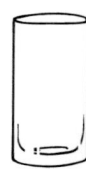

čaša

Szklanka

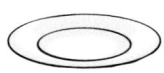

tanjir

Talerz

tanjir za supu

Talerz do zupy

tanjurić

Podstawek pod filiżankę

sos

Sos

solanik

Solniczka

mlin za biber

Młynek do pieprzu

sirće

Ocet

ulje

Olej

začini

Przyprawy

kečap

Keczup

senf

Musztarda

majoneza

Majonez

supermarket
Supermarket

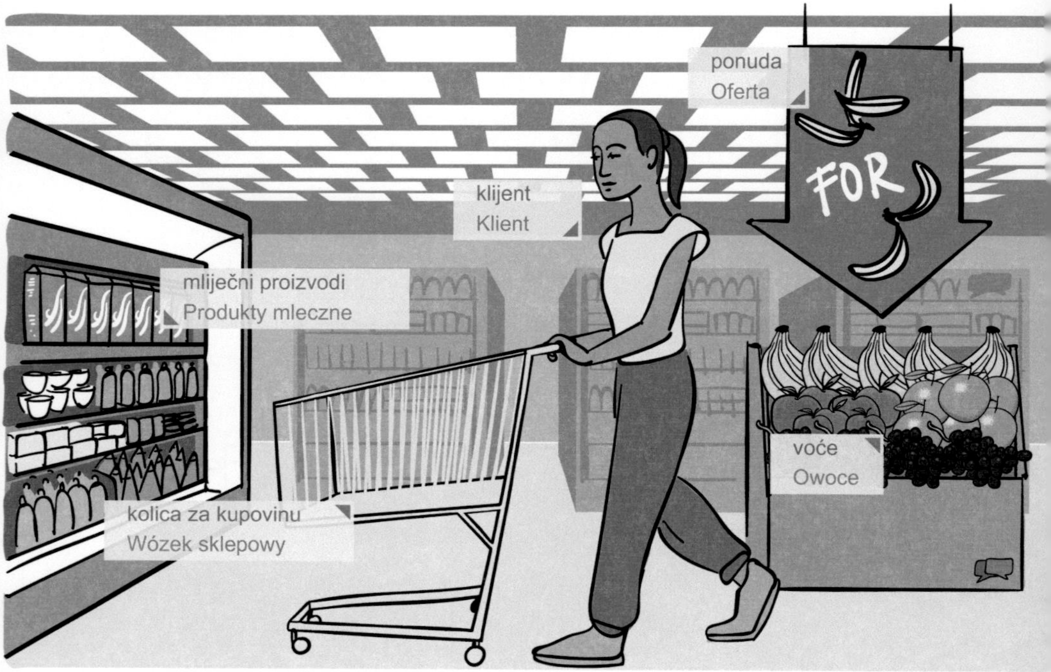
ponuda
Oferta
FOR
klijent
Klient
mliječni proizvodi
Produkty mleczne
voće
Owoce
kolica za kupovinu
Wózek sklepowy

BUTCHERS

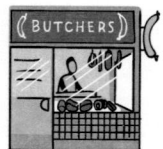

mesnica- klaonica

Rzeźnia

BAKERY

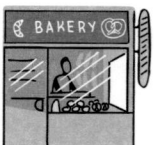

pekara

Piekarnia

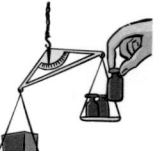

vagati

ważyć

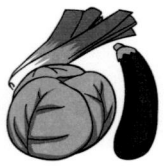

povrće

Warzywa

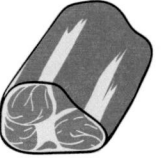

meso

Mięso

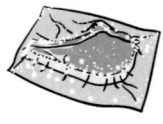

zaleđena hrana

Mrożonki

narezak

Wędliny

konzerve

Konserwy

prašak za veš

Proszek m do prania

slatkiši

Słodycze

kućanski proizvodi

Artykuły użytku domowego

sredstvo za čišćenje

Środek czyszczący

prodavačica

Sprzedawczyni

kasa

Kasa

blagajnik

Kasjer

lista za kupovinu

Lista zakupów

radno vrijeme

Godziny otwarcia

novčanik

Portfel

kreditna kartica

Karta kredytowa

torba

Torba

najlonska vrećica

Torebka plastikowa

voda

Woda

sok

Sok

mlijeko

Mleko

kola

Cola

vino

Wino

pivo

Piwo

alkohol

Alkohol

kakao

Kakao

čaj

Herbata

kafa

Kawa

espreso

Espresso

kapućino

Cappuccino

banana

Banan

jabuka

Jabłko

narandža

Pomarańcza

lubenica

Arbuz

limun

Cytryna

mrkva

Marchew

bijeli luk

Czosnek

bambus

Bambus

crveni luk

Cebula

gljiva

Grzyb

orašasti plodovi

Orzechy

pasta

Makaron

špagete

Spaghetti

riža

Ryż

salata

Sałatka

pomfrit

Frytki

pečeni krompir

Ziemniaki pieczone

pica

Pizza

hamburger

Hamburger

sendvič

Kanapka

šnicla

Sznycel

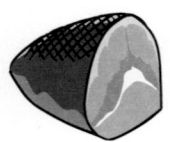

šunka

Szynka

kobasica

Salami

kobasica

Kiełbasa

kokoš

Kura

pečenje

Pieczeń

riba

Ryba

zobene pahuljice

Płatki owsiane

muzli

Musli

kornfleks

Płatki kukurydziane

brašno

Mąka

kroason

Croissant

zemičke

Bułka

kruh

Chleb

tost

Toast

keksi

Ciastka

maslac

Masło

svježi sir

Twarożek

kolač

Ciasto

jaje

Jajko

jaje na oko

Jajko sadzone

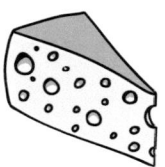

sir

Ser

sladoled

Lody

šećer

Cukier

med

Miód

marmelada

Marmolada

nugat krema

Krem nugatowy

kuri

Curry

jelo - Jedzenie

seosko imanje
Gospodarstwo chłopskie

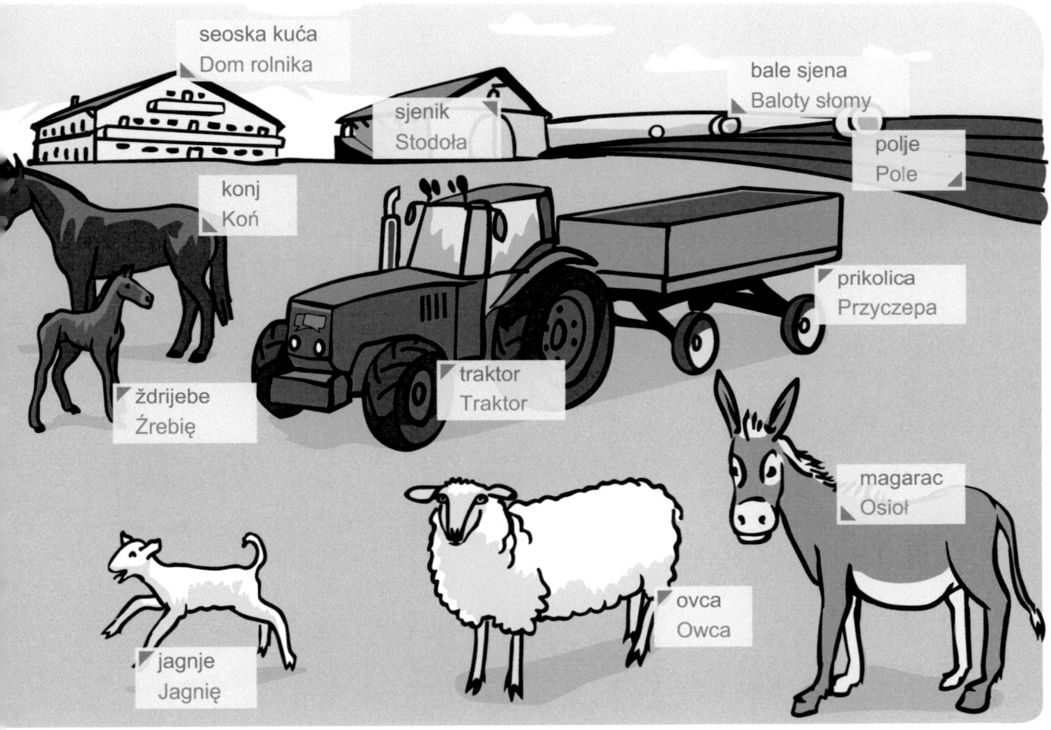
seoska kuća
Dom rolnika
sjenik
Stodoła
bale sjena
Baloty słomy
polje
Pole
konj
Koń
prikolica
Przyczepa
traktor
Traktor
ždrijebe
Źrebię
magarac
Osioł
ovca
Owca
jagnje
Jagnię

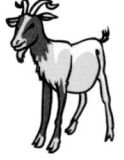

koza

Koza

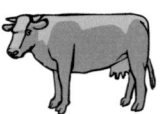

krava

Krowa

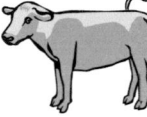

tele

Cielę

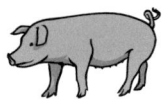

svinja

Świnia

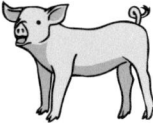

prase

Prosię

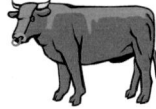

bik

Byk

guska
Gęś

patka
Kaczka

pile
Kurczątko

kokoška
Kura

pjetao
Kogut

pacov
Szczur

mačka
Kot

miš
Mysz

vol
Osioł

pas
Pies

pseća kućica
Buda dla psa

crijevo za baštu
Wąż ogrodowy

kanta za zalijevanje
Konewka

kosa
Kosa

plug
Pług

srp
Sierp

motika
Graca

vile
Widły

sjekira
Siekiera

tačke
Taczka

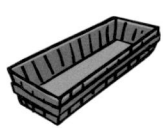

korito
Koryto

bokal za mlijeko
Kanka na mleko

vreća
Worek

ograda
Płot

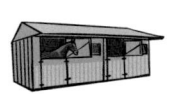

štala
Stajnia

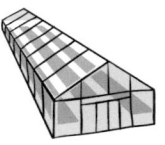

staklenik
Szklarnia

tlo
Ziemia

sjeme
Nasiona

đubrivo
Nawóz

kombajn
Kombajn zbożowy

kositi
zbierać

žetva
Żniwa

jam korijen
Podchrzyn

pšenica
Pszenica

soja
Soja

krompir
Ziemniak

kukuruz
Kukurydza

uljana repica
Rzepak

drvo voća
Drzewo owocowe

manioka
Maniok

žito
Zboże

kuća
Dom

dimnjak
Komin
krov
Dach
oluk
Rynna deszczowa
prozor
Okno
garaža
Garaż
zvono
Dzwonek
vrata
Drzwi
kanta za smeće
Wiaderko na śmieci
poštanski sandučić
Skrzynka na listy
bašta
Ogród

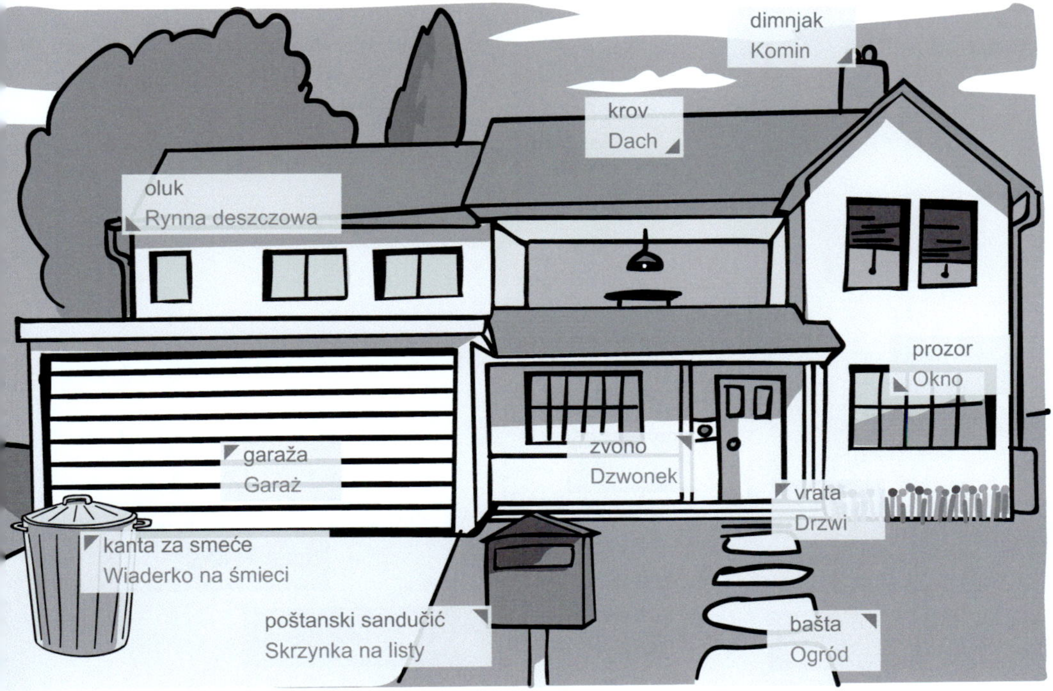

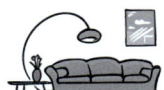

dnevni boravak

Pokój dzienny

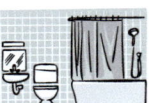

kupatilo

Łazienka

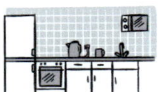

kuhinja

Kuchnia

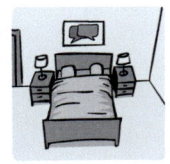

spavaća soba

Sypialnia

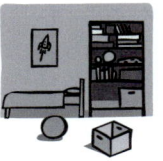

dječija soba

Pokój dziecięcy

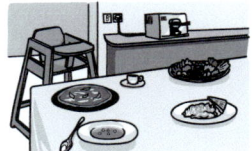

trpezarija

Jadalnia

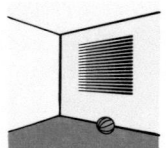

pod, tlo

Ziemia

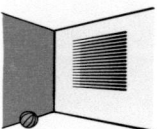

zid

Ściana

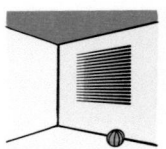

plafon

Koc

podrum

Piwnica

sauna

Sauna

balkon

Balkon

terasa

Taras

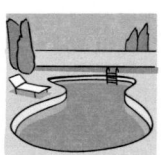

bazen

Basen

kosilica

Kosiarka do trawy

posteljina

Poszwa

pokrivač

Kołdra

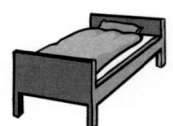

krevet

Łóżko

metla

Miotła

kanta

Wiadro

prekidač

Włącznik

dnevni boravak
Pokój dzienny

tapeta
Tapeta
fotografija
Obraz
lampa
Lampa
polica
Regał
ormar
Szafa
televizija
Telewizor
dimnjak
Komin
cvijet
Kwiat
jastuk
Poduszka
kauč
Kanapa
vaza
Wazon
daljinski upravljač
Pilot

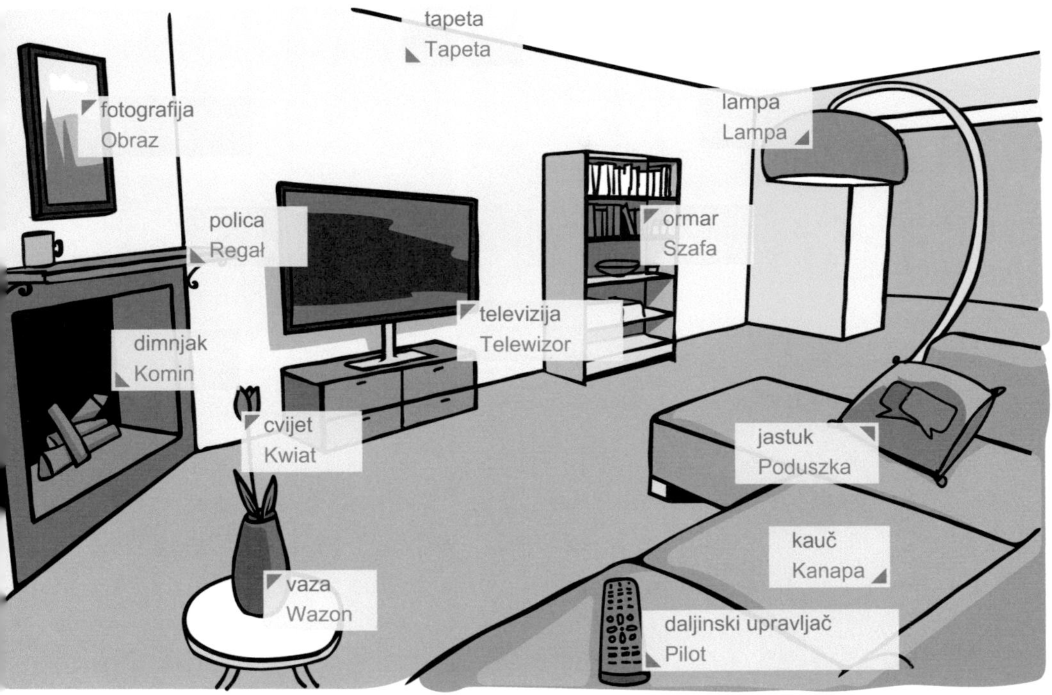

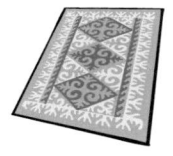

tepih

Dywan

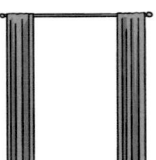

zavjesa

Zasłona

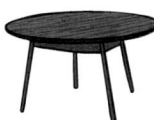

stol

Stół

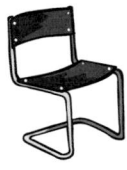

stolica

Krzesło

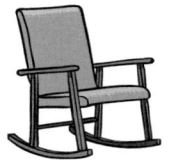

stolica za ljuljanje

Bujak

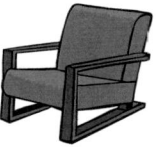

fotelja

Fotel

knjiga

Książka

deka

Sufit

dekoracija

Dekoracja

ložno drvo

Drewno kominkowe

film

Film

stereo uređaj

Instalacja stereo

ključ

Klucz

novine

Gazeta

umjetnička slika

Malunek

poster

Plakat

radio

Radio

blok za bilješke

Notatnik

usisavač

Odkurzacz

kaktus

Kaktus

svijeća

Świeczka

kuhinja
Kuchnia

hladnjak
Lodówka
mikrovalna pećnica
Kuchenka mikrofalowa
kuhinjska vaga
Waga kuchenna
toster
Toster
sredstvo za čišćenje
Środek czyszczący
rerna
Piekarnik
zamrzivač
Przegródka zamrażalnika
kanta za smeće
Wiaderko na śmieci
mašina za suđe, perilica
Zmywarka do naczyń

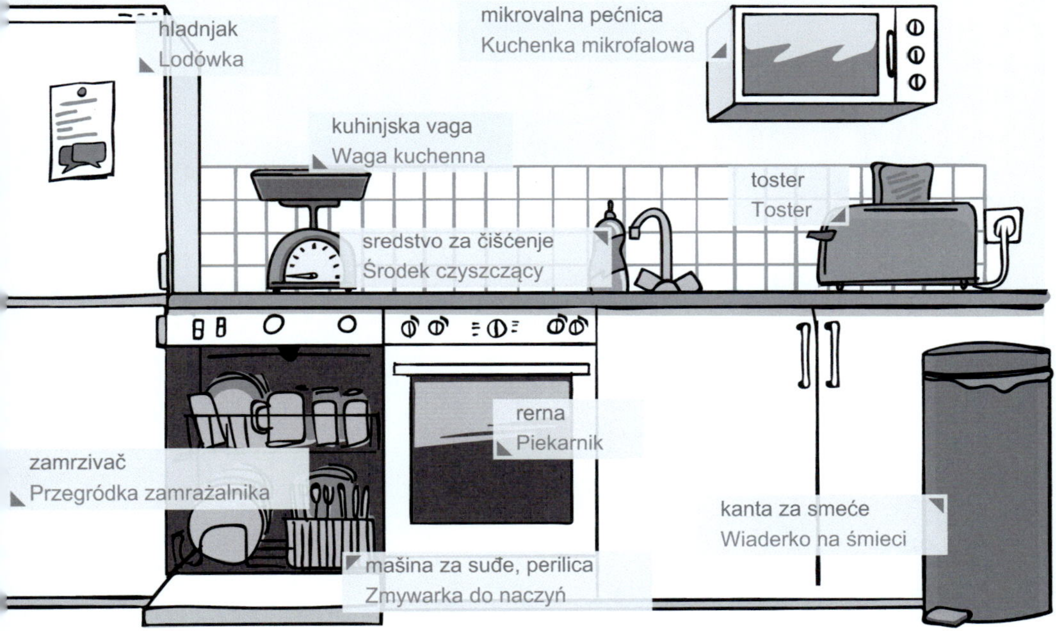

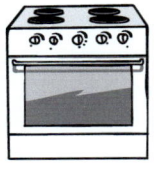

peć

Kuchenka

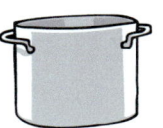

lonac

Garnek

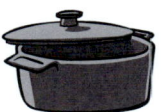

metalni lonac

Kocioł żeliwny

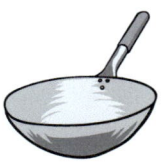

vok / kadai

Wok / Kadai

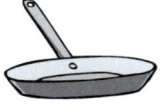

tava, tiganj

Patelnia

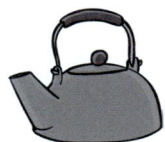

kuhalo

Czajnik

aparat za kuhanje na pari

Parowar

lim za pečenje

Blacha do pieczenia

posuđe

Naczynia kuchenne

šalica

Kubek

činija

Miska

kineski štapići

Pałeczki

kutlača

Nabierka

lopatica

Łopatka do smażenia

metlica za snijeg bjelanjca

Trzepaczka do śmietany

sito za kuhanje

Cedzak

sito

Sitko

ribež

Tarka

avan s tučkom

Moździerz

roštilj

Grillowanie

ložište

Palenisko

daska

Deska

oklagija

Wałek do ciasta

vadičep

Korkociąg

konzerva

Puszka

otvarač za konzerve

Otwieracz do puszek

krpe za lonac

Ściereczka do trzymania garnka

sudoper

Umywalka

četka

Szczotka

spužva

Gąbka

mikser

Mikser

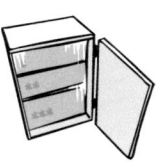

zamrzivač

Zamrażarka

flašica za bebu

Butelka dla niemowlęcia

slavina

Kran

kupatilo
Łazienka

tuš
Prysznic
grijanje
Ogrzewanie
peškir
Ręcznik
zavjesa za tuš
Kotara prysznicowa
pjenušava kupka
Płyn do kąpieli
kada
Wanna kąpielowa
čaša
Szklanka
mašina za veš
Pralka
slavina
Kran
pločice
Kafelki
dječja kahlica
Nocnik
sudoper
Umywalka

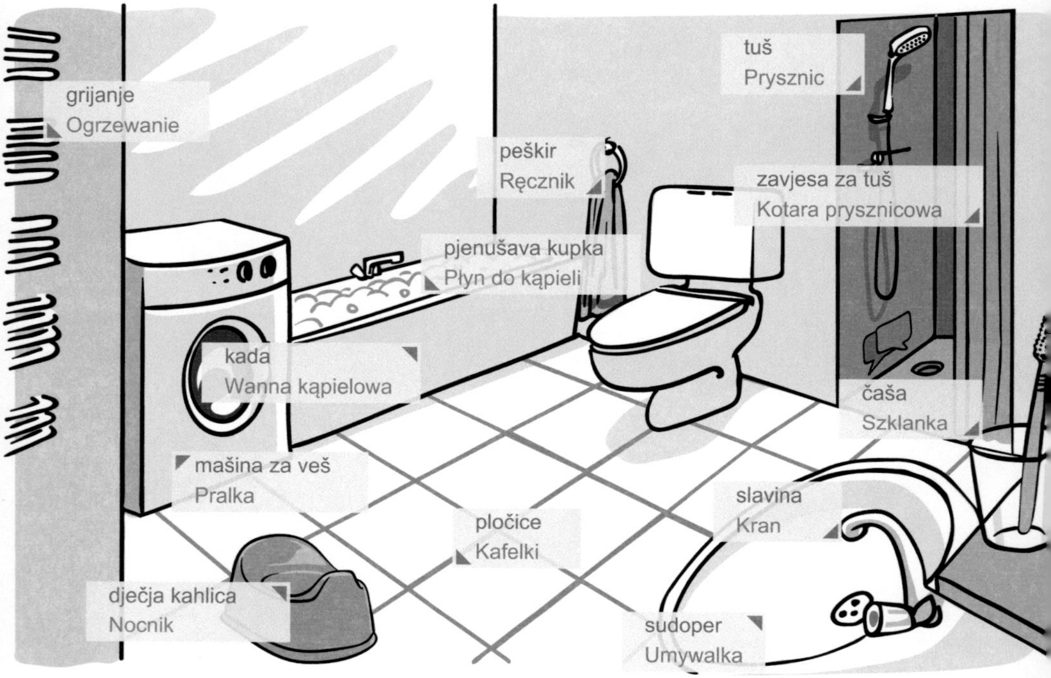

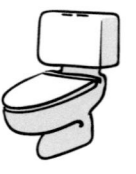

toalet

Toaleta

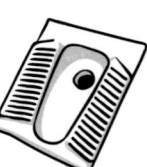

čučavac

Toaleta kuczna

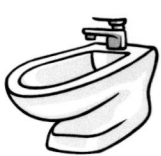

bide

Bidet

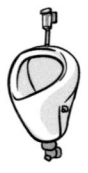

pisoar

Pisuar

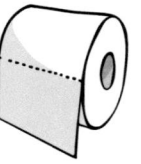

toalet papir

Papier toaletowy

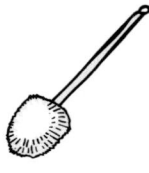

četka za wc

Szczotka toaletowa

četkica za zube

Szczoteczka do zębów

pasta za zube

Pasta do zębów

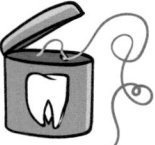

zubni konac

Nitki do czyszczenia zębów

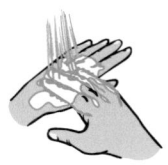

prati

myć

tuš

Głowica prysznicowa

intimni tuš

Płyn kąpielowy do higieny intymnej

lavor

Miska do mycia

četka za leđa

Szczotka kąpielowa

sapun

Mydło

gel za tuširanje

Żel prysznicowy

šampon

Szampon

krpe za pranje

Rękawica kąpielowa

odvod

Odpływ

krema

Krem

dezodorans

Dezodorant

ogledalo

Lustro

ogledalo za šminkanje

Lustro kosmetyczne

brijač

Golarka

pjena za brijanje

Pianka do golenia

vodica poslije brijanja

Woda po goleniu

češalj

Grzebień

četka

Szczotka

fen

Suszarka do włosów

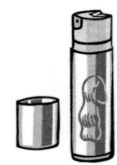

sprej za kosu

Spray do włosów

puder

Makijaż

karmin

Pomadka

lak za nokte

Lakier do paznokci

vata

Wata

makazice za nokte

Nożyczki do paznokci

parfem

Perfum

kupatilo - Łazienka

kozmetička torbica

Kosmetyczka

hoklica

Taboret

vaga

Waga

kupaći ogrtač

Szlafrok kąpielowy

rukavice za čišćenje

Rękawice gumowe

tampon

Tampon

uložak za dame

Podpaska damska

hemijski toalet

Toaleta chemiczna

dječija soba
Pokój dziecięcy

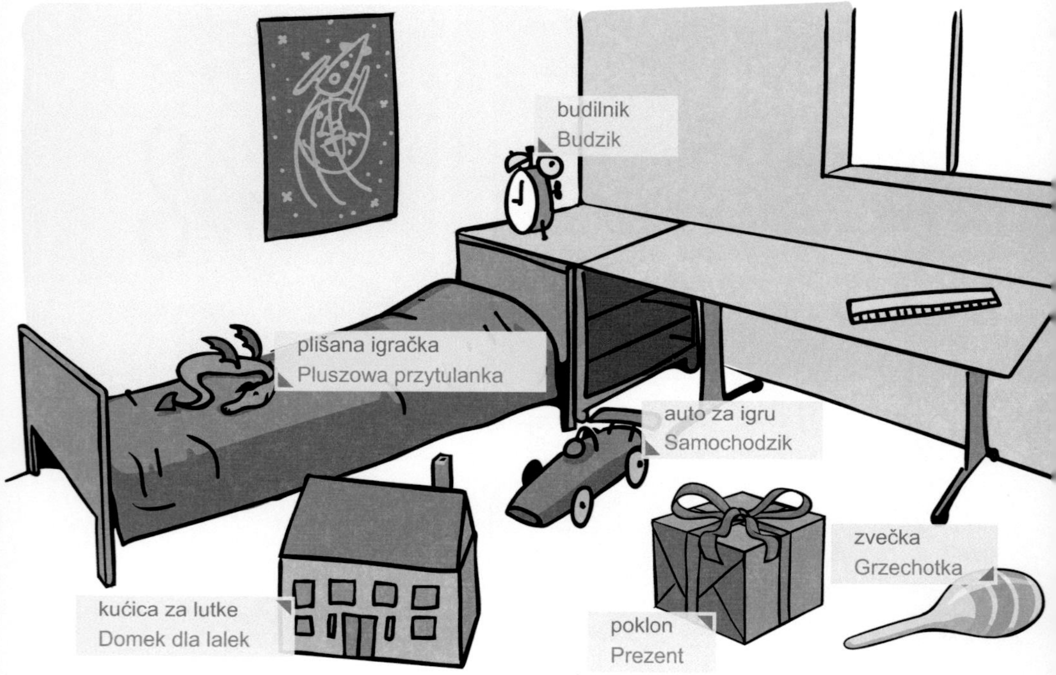
budilnik
Budzik
plišana igračka
Pluszowa przytulanka
auto za igru
Samochodzik
zvečka
Grzechotka
kućica za lutke
Domek dla lalek
poklon
Prezent

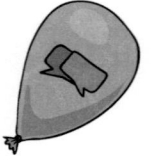

balon

Balon

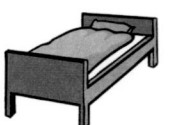

krevet

Łóżko

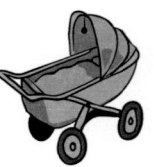

kolica za djecu

Wózek dziecięcy

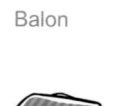

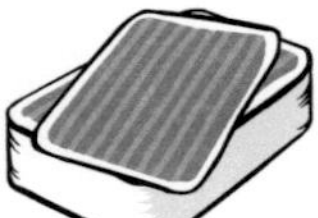

karte za igranje

Gra w karty

puzle

Puzzle

SUPER MEGA

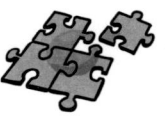

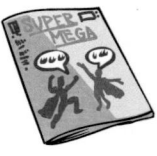

strip

Komiks

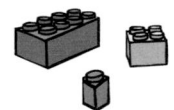

lego kockice

Klocki lego

kockice za gradnju

Klocki

akcione figure

Action figura

benkica

Śpioszek dziecięcy

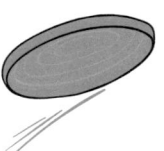

frizbi

Frisbee

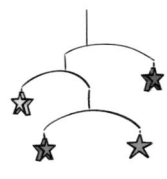

mobile

Zabawki ruchome

igra na ploči

Gra planszowa

kocka

Kości

miniatura željeznice

Kolejka elektryczna

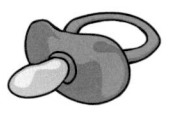

cucla

Smoczek

zabava

Przyjęcie

slikovnica

Książka z ilustracjami

lopta

Piłka

lutka

Lalka

igrati

bawić się

pješćanik

Piaskownica

ljuljačka

Huśtawka

igračke

Zabawki

konzola za igru

Konsola do gier

triciklo

Rowerek trójkołowy

medvjedić

Pluszowy miś

ormar

Szafa ubraniowa

odjeća

Ubiór

kratke čarape

Skarpety

čarape

Pończochy

hulahopke

Rajstopy

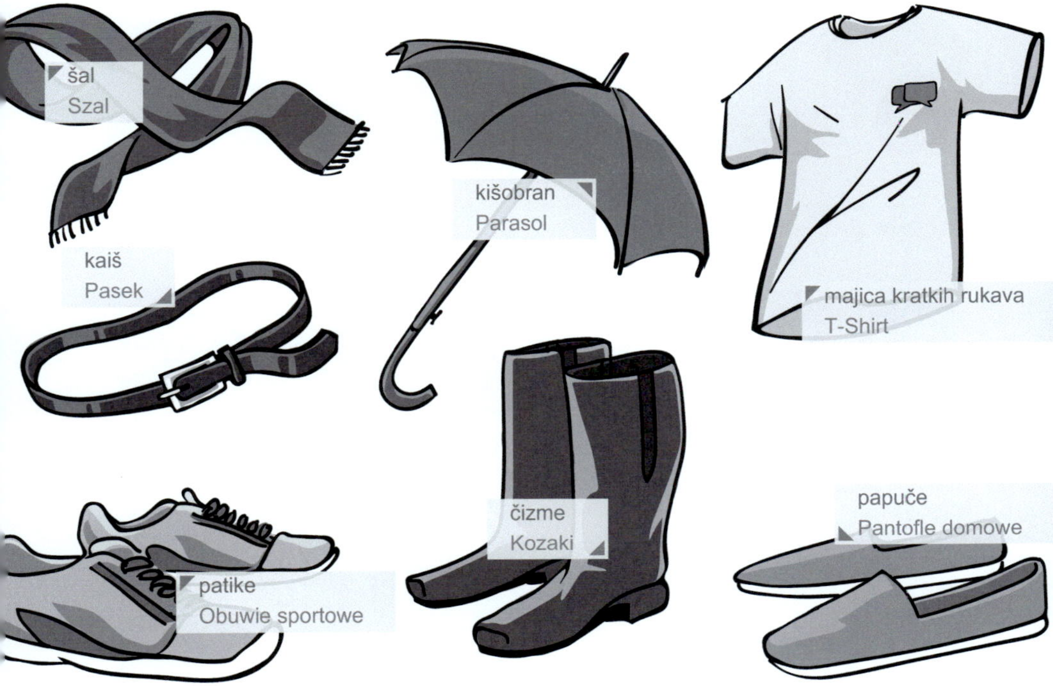

šal
Szal

kaiš
Pasek

kišobran
Parasol

majica kratkih rukava
T-Shirt

čizme
Kozaki

papuče
Pantofle domowe

patike
Obuwie sportowe

sandale

Sandały

cipele

Buty

gumene čizme

Kalosze

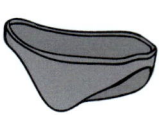

gaće

Majtki

grudnjak

Biustonosz

potkošulja

Podkoszulek

bodi

Body

hlače

Spodnie

farmerke

Dżins

suknja

Spódnica

bluza

Bluzka

košulja

Koszula

džemper

Pulower

majica

Bluza sportowa

sako

Marynarka

jakna

Kurtka

mantil

Płaszcz

kišni mantil

Płaszcz przeciwdeszczowy

kostim

Kostium

haljina

Sukienka

vjenčanica

Suknia ślubna

odijelo

Garnitur męski

spavaćica

Koszula nocna

pidžama

Piżama

sari

Sari

marama

Chusta na głowę

turban

Turban

burka

Burka

kaftan

Kaftan

abaja

Abaya

kupaći kostim

Strój kąpielowy

kupaće gaće

Kąpielówki

kratke hlače

Krótkie spodnie

trenerka

Dres sportowy

pregača

Fartuch

rukavice

Rękawiczki

dugme

Guzik

naočare

Okulary

narukvica

Bransoletka

ogrlica

Łańcuszek

prsten

Pierścionek

naušnica

Kolczyk

kapa

Czapka

vješalica

Wieszak

šešir

Kapelusz

kravata

Krawat

patentni zatvarač

Zamek błyskawiczny

kaciga

Kask

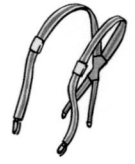

tregeri za hlače

Szelki

školska uniforma

Mundurek szkolny

uniforma

Mundur

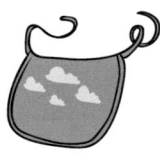

podbradak

Śliniaczek

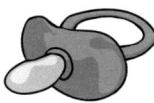

cucla

Smoczek

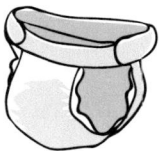

pelene

Pieluszka

ured
Biuro

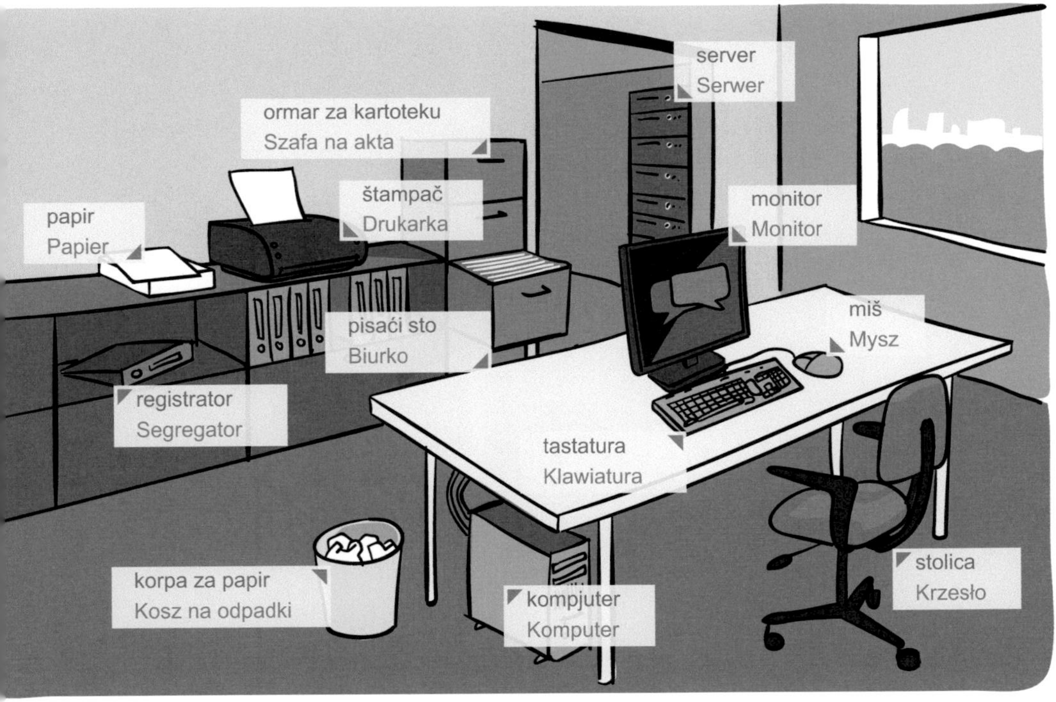
server
Serwer
ormar za kartoteku
Szafa na akta
papir
Papier
štampač
Drukarka
monitor
Monitor
miš
Mysz
pisaći sto
Biurko
registrator
Segregator
tastatura
Klawiatura
korpa za papir
Kosz na odpadki
kompjuter
Komputer
stolica
Krzesło

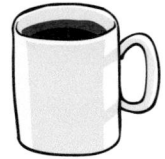

šolja za kafu

Filiżanka do kawy

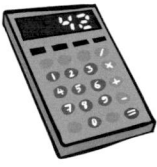

kalkulator

Kalkulator

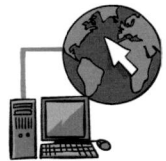

internet

Internet

laptop

Laptop

pismo

List

poruka

Wiadomość

mobilni telefon

Komórka

mreža

Sieć

aparat za kopiranje

Kopiarka

softver

Oprogramowanie

telefon

Telefon

utičnica

Gniazdko

faks

Faks

formular

Formularz

dokument

Dokument

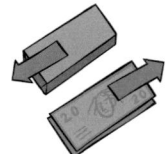

kupovati

kupić

platiti

płacić

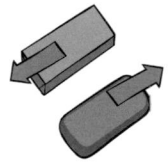

trgovati

postępować

novac

Pieniądze

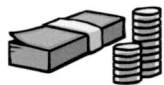

dolar

Dolar

euro

Euro

jen

Jen

rublja

Rubel

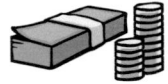

franak

Frank

renminbi jen

Juan Renminbi

rupi

Rupia

bankomat

Bankomat

mjenjačnica

Kantor wymiany walut

zlato

Złoto

srebro

Srebro

nafta

Olej

energija

Energia

cijena

Cena

ugovor

Umowa

porez

Podatek

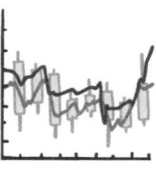

akcija

Akcja

raditi

pracować

službenik

Pracownik umysłowy

poslodavac

Pracodawca

fabrika

Fabryka

radnja

Sklep

ekonomija - Gospodarka

zanimanja
Zawody

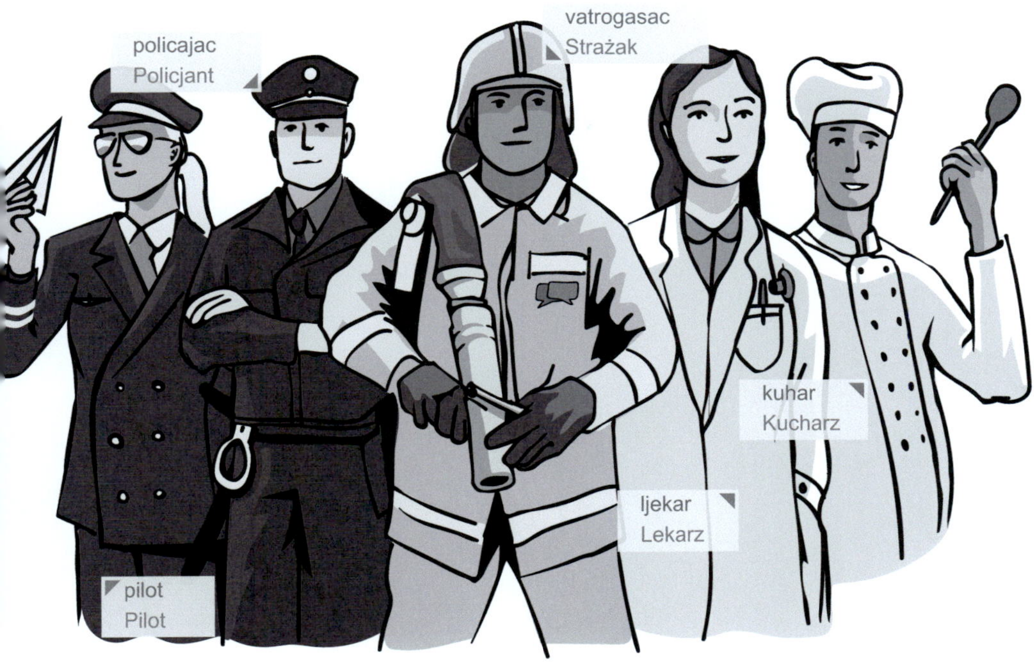

policajac
Policjant
vatrogasac
Strażak
kuhar
Kucharz
ljekar
Lekarz
pilot
Pilot

baštovan

Ogrodnik

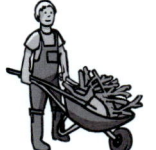

stolar

Stolarz

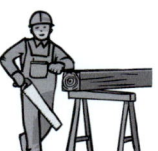

krojačica

Krawcowa

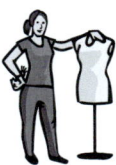

sudija

Sędzia

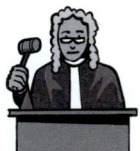

hemičar

Chemik

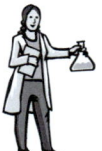

glumac

Aktor

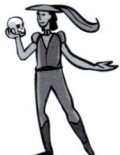

vozač autobusa

Kierowca autobusu

vozač taksija

Taksówkarz

ribar

Fischer

čistačica

Sprzątaczka

krovopokrivač

Dekarz

konobar

Kelner

lovac

Myśliwy

moler

Malarz

pekar

Piekarz

električar

Elektryk

građevinski radnik

Robotnik budowlany

inženjer

Inżynier

koljač

Rzeźnik

limar, vodoinstalater

Instalator

poštar

Listonosz

vojnik

Żołnierz

arhitekta

Architekt

blagajnik

Kasjer

cvjećar

Florysta

frizer

Fryzjer

kontrolor

Konduktor

mehaničar

Mechanik

kapiten

Kapitan

zubar

Dentysta

naučnik

Naukowiec

rabin

Rabin

imam

Imam

monah

Mnich

sveštenik

Proboszcz

alat
Narzędzia

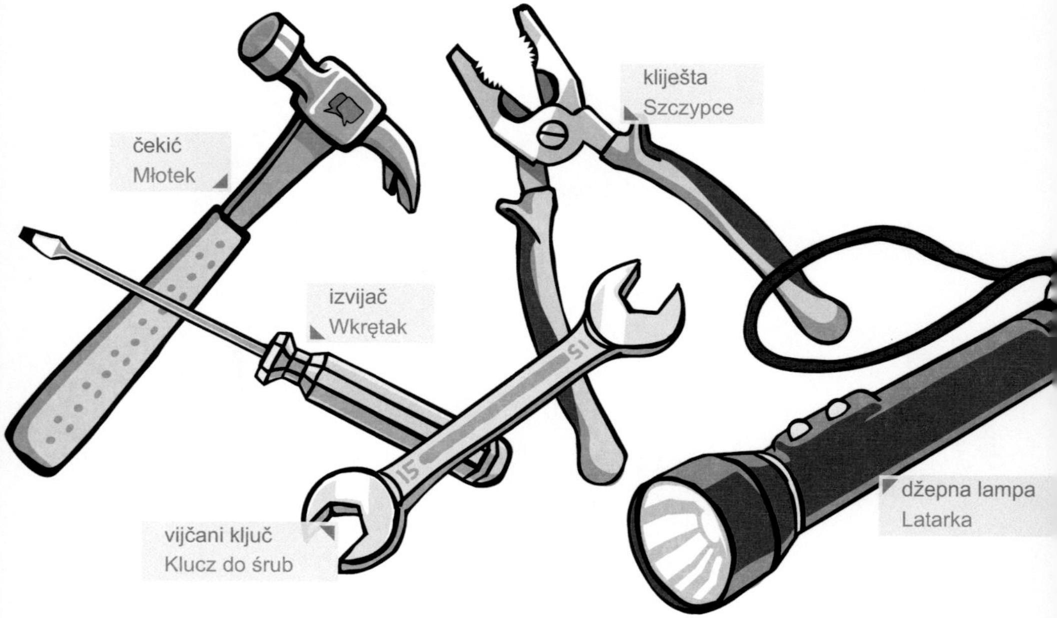
čekić
Młotek
kliješta
Szczypce
izvijač
Wkrętak
vijčani ključ
Klucz do śrub
džepna lampa
Latarka

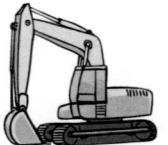

bager

Koparka

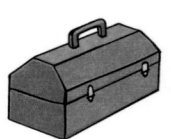

kutija sa alatom

Skrzynka narzędziowa

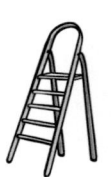

ljestve

Drabina

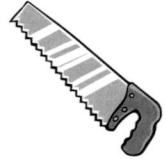

testera, pila

Piła

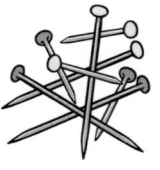

ekser

Gwoździe

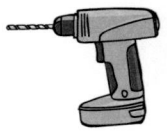

bušilica

Wiertło

popraviti

naprawić

lopata

Łopatka

sranje!

Cholera!

lopatica

Szufelka

kanta boje

Puszka z farbą

vijak

Śruby

muzički instrumenti
Instrumenty muzyczne

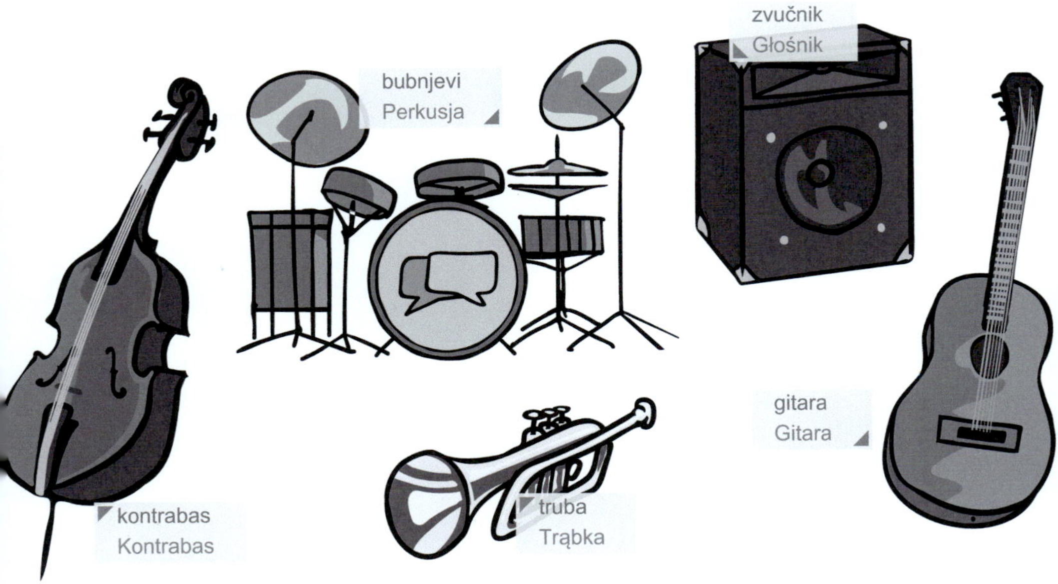

zvučnik
Głośnik

bubnjevi
Perkusja

gitara
Gitara

kontrabas
Kontrabas

truba
Trąbka

klavir

Pianino

violina

Skrzypce

bas

Bas

bubanj timpani

Kotły

bubanj

Bęben

sintisajzer

Keyboard

saksofon

Saksofon

flauta

Flet

mikrofon

Mikrofon

zološki vrt

Zoo

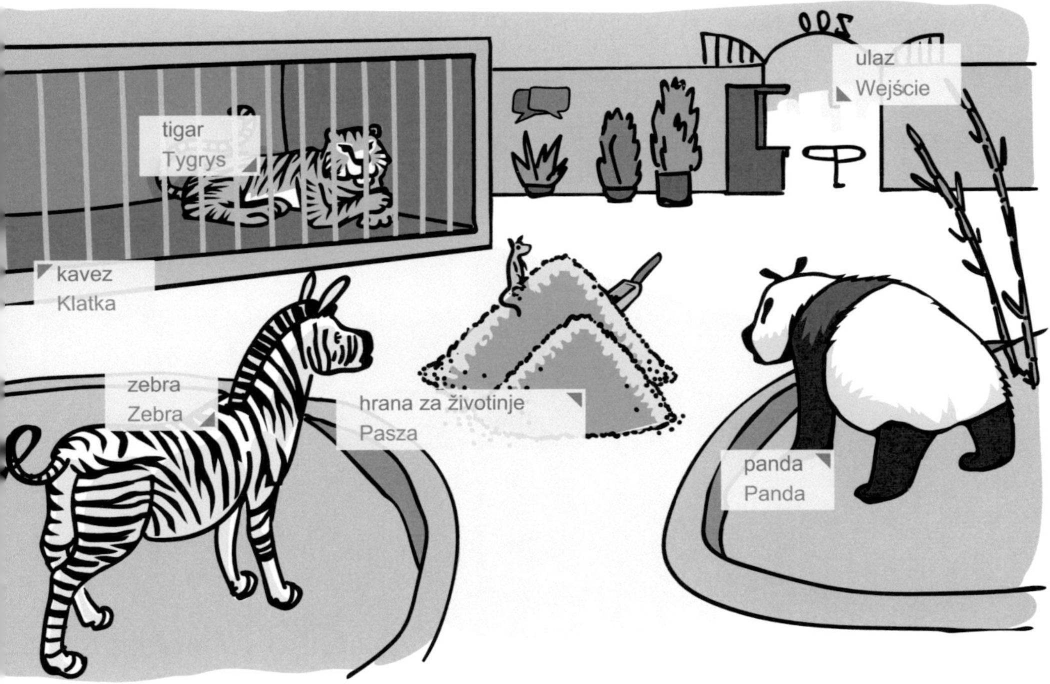
tigar
Tygrys
ulaz
Wejście
kavez
Klatka
zebra
Zebra
hrana za životinje
Pasza
panda
Panda

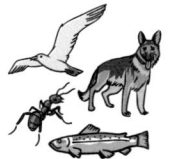

životinje

Zwierzęta

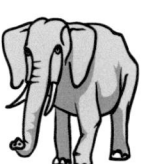

slon

Słoń

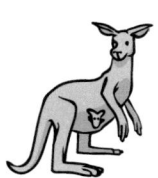

kengur

Kangur

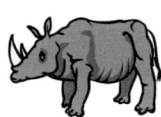

nosorog

Nosorożec

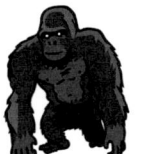

gorila

Goryl

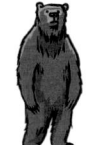

medvjed

Niedźwiedź

kamila

Wielbłąd

noj

Struś

lav

Lew

majmun

Małpa

flamingo

Fleming

papagaj

Papuga

polarni medvjed

Niedźwiedź polarny

pingvin

Pingwin

morski pas

Rekin

paun

Paw

zmija

Wąż

krokodil

Krokodyl

čuvar u zološkom vrtu

Dozorca w zoo

tuljan

Foka

jaguar

Jaguar

poni

Kucyk

leopard

Gepard

nilski konj

Hipopotam

žirafa

Żyrafa

orao

Orzeł

divlja svinja

Dzik

riba

Ryba

kornjača

Żółw

morž

Mors

lisica

Lis

gazela

Gazela

američki fudbal
Futbol amerykański

vožnja bicikla
Kolarstwo

tenis
Tenis

košarka
Koszykówka

plivanje
Pływanie

boks
Boks

hokej na ledu
Hokej na lodzie

fudbal
Piłka nożna

bedminton
Badminton

laka atletika
Lekka atletyka

rukomet
Piłka ręczna

skijanje
Narciarstwo

polo
Polo

skakati
skakać

zagrliti
objąć

smijati se
śmiać się

ići
iść

pjevati
śpiewać

sanjati
marzyć

moliti
modlić się

ljubiti
całować

pisati
pisać

crtati
rysować

pokazati
pokazywać

gurati
nacisnąć

dati
dać

uzeti
wziąć

imati

mieć

raditi

robić

biti

być

stajati

stać

trčati

biegać

vući

ciągnąć

baciti

rzucać

pasti

spaść

ležati

leżeć

čekati

czekać

nositi

nosić

sjediti

siedzieć

obući

zakładać

spavati

spać

probuditi

budzić się

pogledati

spojrzeć

plakati

płakać

milovati

głaskać

češljati

czesać się

govoriti

mówić

razumjeti

rozumieć

pitati

pytać

slušati

słyszeć

piti

pić

jesti

jeść

pospremiti

sprzątać

voljeti

kochać

kuhati

gotować

voziti

jechać

letjeti

latać

jedriti

żeglować

računati

liczyć

čitati

czytać

učiti

uczyć się

raditi

pracować

vjenčavti

wejść w związek małżeński

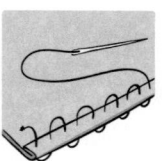

šiti

szyć

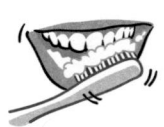

prati zube

myć zęby

ubiti

zabić

pušiti

palić tytoń

slati

wysłać

porodica
Rodzina

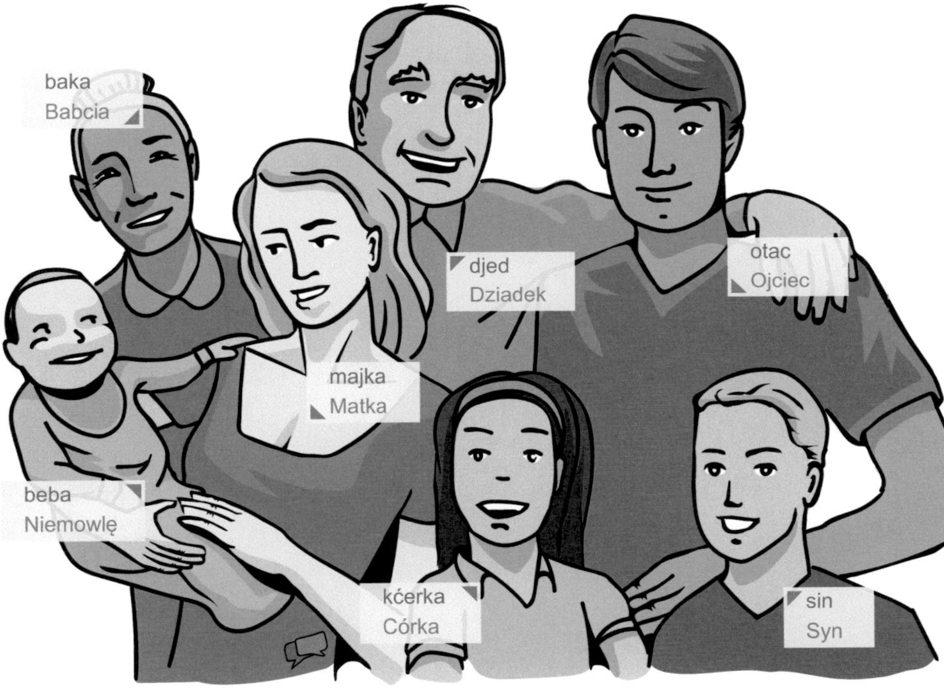
baka
Babcia
djed
Dziadek
otac
Ojciec
majka
Matka
beba
Niemowlę
kćerka
Córka
sin
Syn

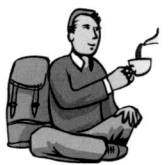

gost

Gość

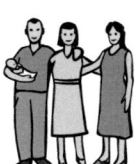

ujna, tetka, strina

Ciotka

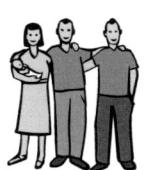

ujak, tetak, stric

Wujek

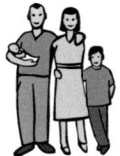

brat

Brat

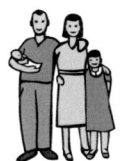

sestra

Siostra

tijelo
Ciało

čelo
Czoło
oko
Oko
leđa
Ramię
prst
Palec
lice
Twarz
brada
Broda
ruka, šaka
Ręka
noga
Noga
grudi
Pierś
ruka
Ramię

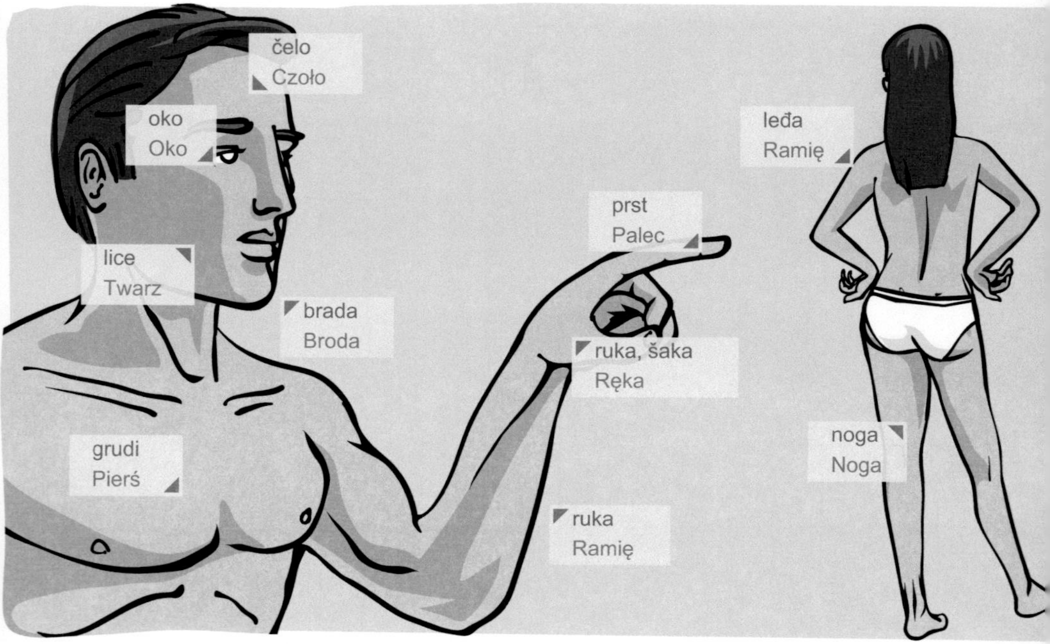

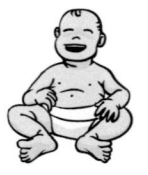

beba
Niemowlę

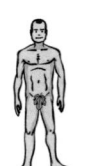

muškarac
Mężczyzna

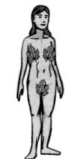

žena
Kobieta

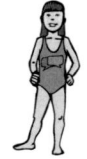

djevojčica
Dziewczyna

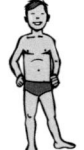

dječak
Chłopiec

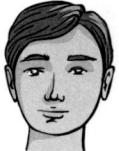

glava
Głowa

leđa

Plecy

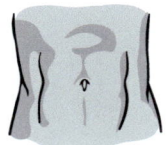

stomak

Brzuch

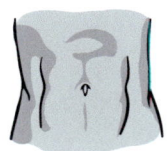

pupak

Pępek

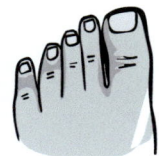

nožni prst

palec nogi

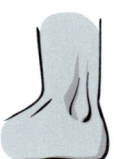

peta

Pięta

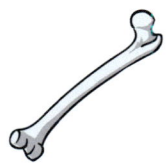

kosti

Kość

kuk

Biodro

koljeno

Kolano

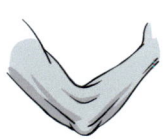

lakat

Łokieć

nos

Nos

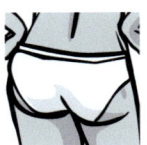

stražnjica

Pośladki

koža

Skóra

obraz

Policzek

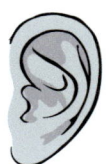

uho

Uszy

usna

Warga

usta

Usta

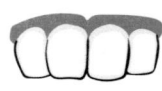

zub

Ząb

jezik

Język

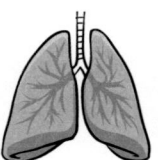

mozak

Mózg

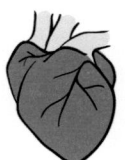

srce

Serce

mišić

Mięsień

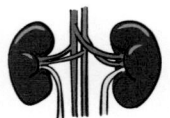

pluća

Płuca

jetra

Wątroba

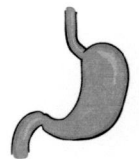

željudac

Żołądek

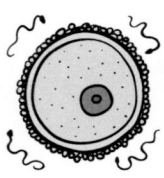

bubreg

Nerki

spolni odnos

Stosunek płciowy

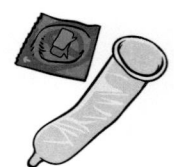

kondom

Kondom

jajna ćelija

Komórka jajowa

sperma

Sperma

trudnoća

Ciąża

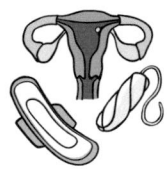

menstruacija

Menstruacja

vagina

Wagina

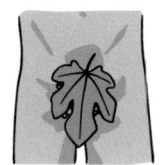

penis

Penis

obrva

Brew

kosa

Włosy

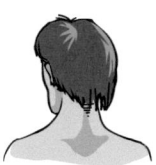

vrat

Szyja

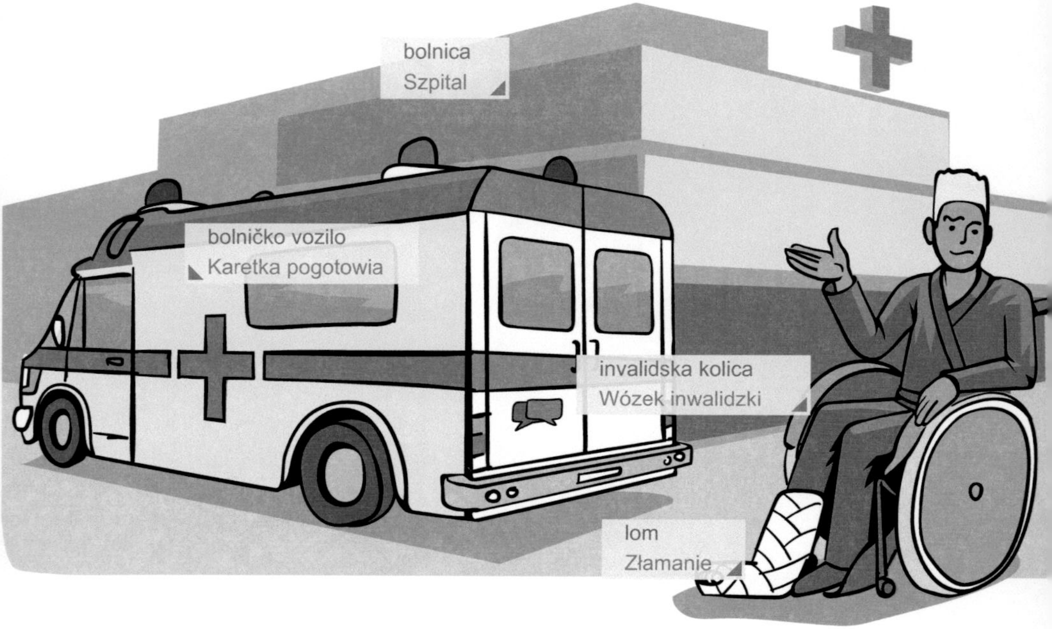

bolnica
Szpital

bolnica
Szpital
bolničko vozilo
Karetka pogotowia
invalidska kolica
Wózek inwalidzki
lom
Złamanie

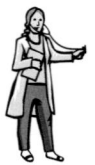

ljekar

Lekarz

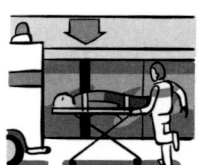

hitna služba

Izba przyjęć

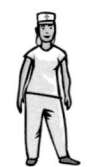

medicinska sestra

Pielęgniarka

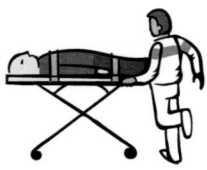

hitna pomoć

Nagły przypadek

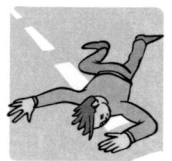

nesvjest

nieprzytomny

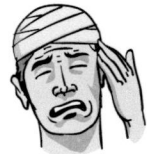

bol

Ból

povreda

Skaleczenie

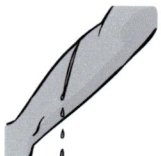

krvarenje

Krwawienie

srčani udar, infarkt

Zawał serca

moždani udar

Udar mózgu

alergija

Alergia

kašalj

Kaszleć

groznica

Gorączka

gripa

Grypa

proljev

Biegunka

glavobolja

Ból głowy

rak

Rak

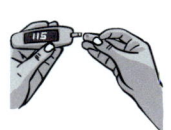

dijabetes

Cukrzyca

hirurg

Chirurg

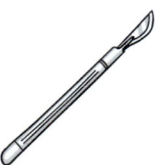

skalpel

Skalpel

operacija

Operacja

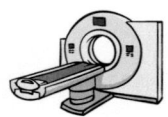

CT

CT

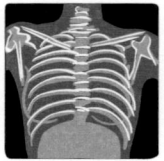

rendgen

Rentgen

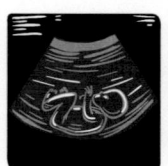

ultrazvuk

Ultradźwięki

maska

Maska

bolest

Choroba

čekaonica

Poczekalnia

štake

Kula

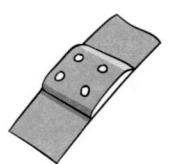

flaster

Plaster

zavoj

Opatrunek

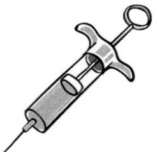

injekcija

Iniekcja

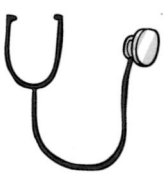

stetoskop

Stetoskop

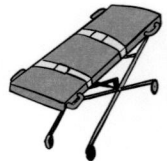

nosilo

Nosze

termometar

Termometr

porod

Poród

prekomjerna težina, debljina

Nadwaga

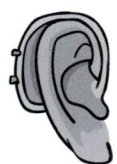

slušni aparat

Aparat słuchowy

sredstvo za dezinfekciju

Środek dezynfekcyjny

infekcija

Infekcja

virus

Wirus

HIV/ AIDS

HIV / AIDS

medicina

Medycyna

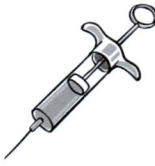

vakcinacija

Szczepienie

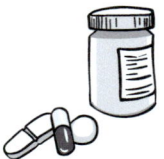

tablete

Tabletki

pilula

Pigułka

hitni poziv

Telefon ratunkowy

aparat za mjerenje pritiska

Ciśnieniomierz krwi

bolestan / zdrav

chory / zdrowy

Upomoć!

Pomocy!

alarm

Alarm

napad, prepad

Napad

napad

Atak

opasnost

Niebezpieczeństwo

izlaz u slučaju opasnosti

Wyjście awaryjne

Požar!

Požar!

vatrogasni aparat

Gaśnica

nezgoda

Wypadek

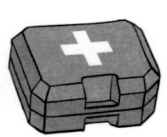

torba prve pomoći

Walizeczka pierwszej
pomocy

SOS

SOS

policija

Policja

Europa

Europa

Sjeverna Amerika

Ameryka Północna

Južna Amerika

Ameryka Południowa

Afrika

Afryka

Azija

Azja

Australija

Australia

Atlantik

Atlantyk

Pacifik

Pacyfik

Indijski okean

Ocean Indyjski

Antarktički okean

Ocean Antarktyczny

Arktički okean

Ocean Arktyczny

Sjeverni pol

Biegun północny

Južni pol

Biegun południowy

Antarktik

Antarktyda

Zemlja

Ziemia

zemlja

Kraj

more

Morze

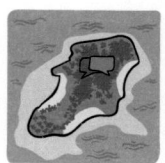

ostrvo

Wyspa

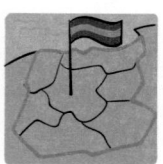

nacija

Naród

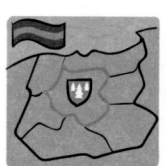

država

Państwo

brojčanik sata

Cyferblat

kazaljka sata

Wskazówka godzinowa

kazaljka minute

Wskazówka minutowa

kazaljka sekunde

Wskazówka sekundowa

Koliko je sati?

Która godzina?

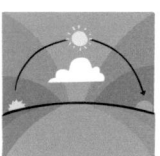

dan

Dzień

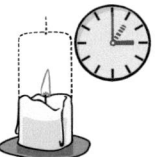

vrijeme

Czas

sada

teraz

digitalni sat

Zegarek digitalny

minuta

Minuta

sat

Godzina

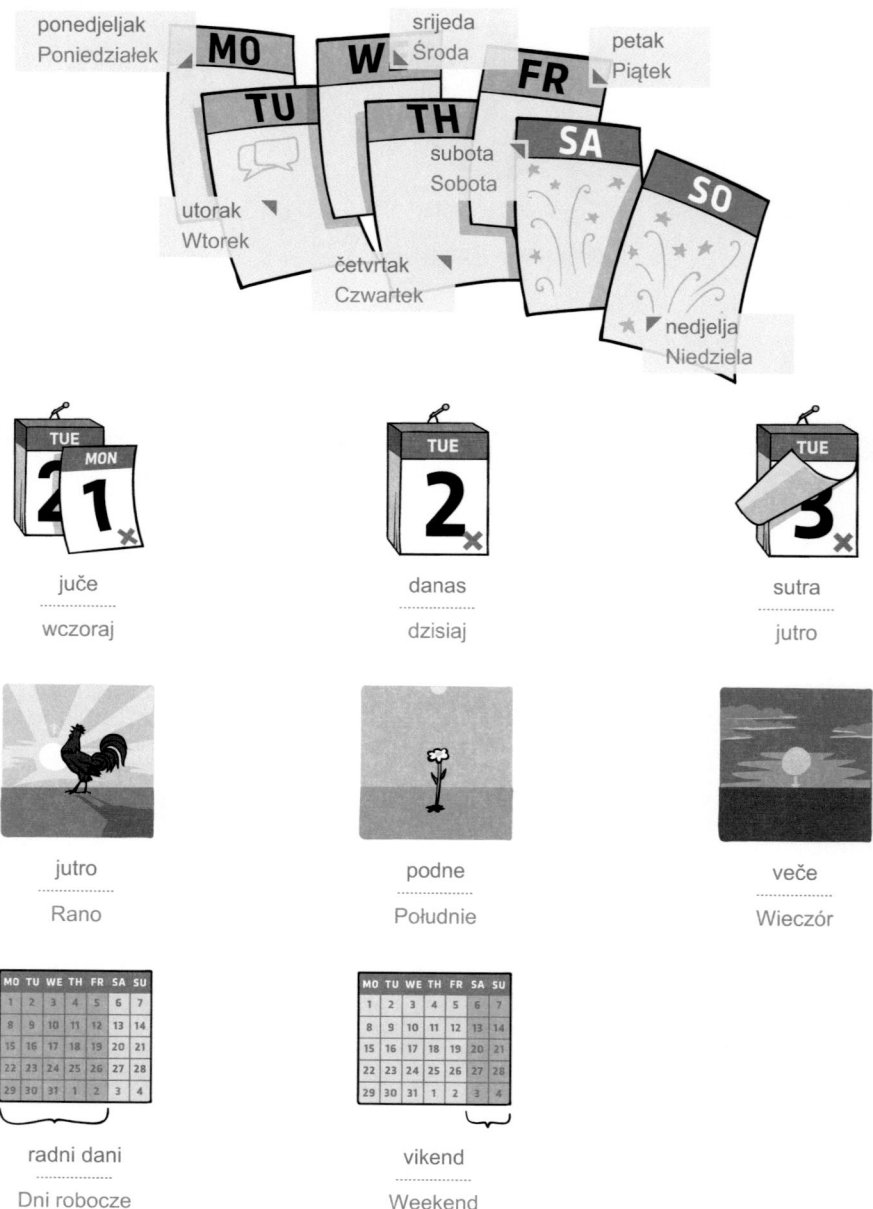

ponedjeljak
Poniedziałek
MO

srijeda
Środa
W

petak
Piątek
FR

TU
utorak
Wtorek

TH
subota
Sobota

SA

SO

četvrtak
Czwartek

nedjelja
Niedziela

juče
....
wczoraj

danas
....
dzisiaj

sutra
....
jutro

jutro
....
Rano

podne
....
Południe

veče
....
Wieczór

radni dani
....
Dni robocze

vikend
....
Weekend

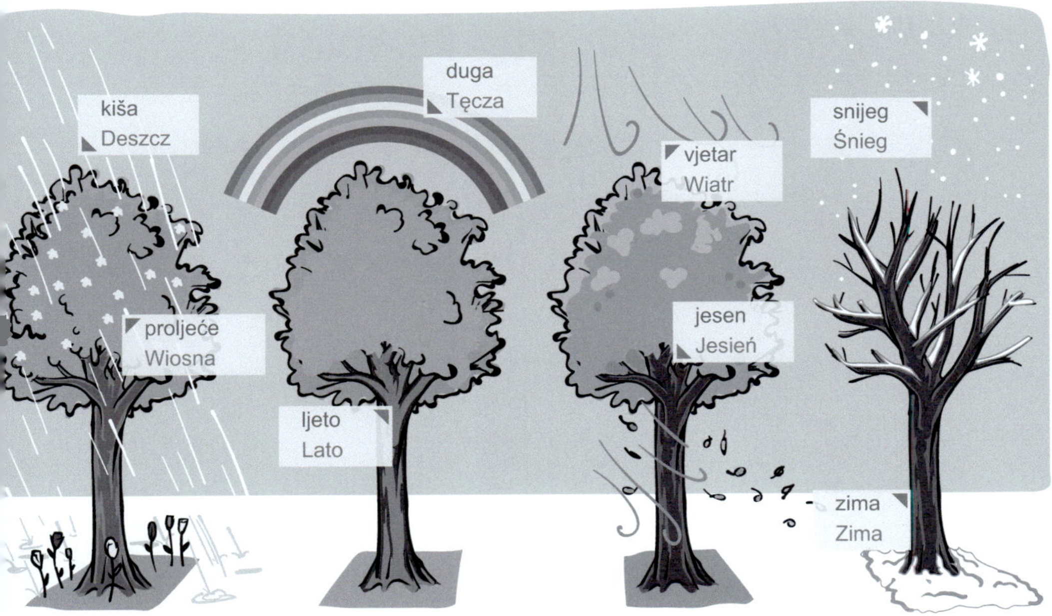

kiša
Deszcz

duga
Tęcza

vjetar
Wiatr

snijeg
Śnieg

proljeće
Wiosna

ljeto
Lato

jesen
Jesień

zima
Zima

prognoza vremena

Prognoza pogody

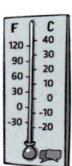

termometar

Termometr

sunčev sjaj

Światło słoneczne

oblak

Chmura

magla

Mgła

vlažnost vazduha

Wilgotność powietrza

munja

Błyskawica

grom

Grzmot

oluja

Sztorm

tuča, led

Grad

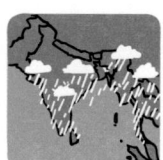

monsun

Monsun

poplava

Potop

led

Lód

januar

Styczeń

februar

Luty

mart

Marzec

april

Kwiecień

maj

Maj

juni

Czerwiec

juli

Lipiec

avgust

Sierpień

septembar

Wrzesień

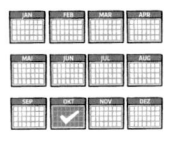

oktobar

Październik

novembar

Listopad

decembar

Grudzień

krug

Koło

kvadrat

Kwadrat

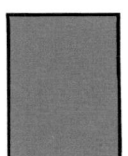

pravougao

Prostokąt

trougao

Trójkąt

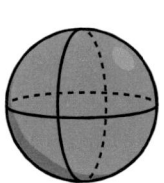

kugla

Kula

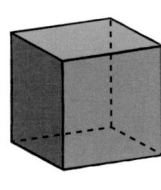

kocka

Sześcian

bjel
biały

žut
żółty

narandžast
pomarańczowy

pink
różowy

crven
czerwony

ljubičast
liliowy

plav
niebieski

zelen
zielony

smeđ
brązowy

siv
szary

crn
czarny

malo / mnogo

dużo / mało

ljutit / miran

wściekły / spokojny

lijep / ružan

piękny / brzydki

početak / kraj

początek / koniec

veliki / mali

duży / mały

svijetlo / tamno

jasny / ciemny

brat / sestra

brat / siostra

čist / prljav

czysty / brudny

potpun / nepotpun

kompletny / niekompletny

dan / noć

dzień / noc

mrtav / živ

umarły / żywy

široko / usko

szeroki / wąski

ukusno / neukusno

jadalny / niejadalny

zao / prijatan

zły / uprzejmy

uzbuđen / dosadan

podniecony / znudzony

debeo / mršav

gruby / chudy

najprije / najkasnije

najpierw / na końcu

prijatelj / neprijatelj

przyjaciel / wróg

pun / prazan

pełen / pusty

trvd / mekan

twardy / miękki

težak / lagan

ciężki / lekki

glad / žeđ

głód / pragnienie

bolestan / zdrav

chory / zdrowy

ilegalan / legalan

nielegalny / legalny

inteligentan / glup

inteligentny / głupi

lijevo / desno

lewo / prawo

blizu / daleko

bliski / daleki

nov / polovan

nowy / używany

ništa / nešto

nic / coś

star / mlad

stary / młody

uključeno / isključeno

włącz / wyłącz

otvoreno / zatvoreno

otwarty / zamknięty

tiho / glasno

cichy / głośny

bogat / siromašan

bogaty / biedny

tačno / pogrešno

prawidłowy / błędny

hrapav / glatak

chropowaty / gładki

tužan / srećan

smutny / szczęśliwy

kratak / dug

krótki / długi

spor / brz

powolny / szybki

mokro / suho

mokry/suchy

toplo / hladno

ciepły / chłodny

rat / mir

wojna / pokój

0
nula
zero

1
jedan
jeden

2
dva
dwa

3
tri
trzy

4
četiri
cztery

5
pet
pięć

6
šest
sześć

7
sedam
siedem

8
osam
osiem

9
devet
dziewięć

10
deset
dziesięć

11
jedanaest
jedenaście

12

dvanaest

dwanaście

13

trinaest

trzynaście

14

četrnaest

czternaście

15

petnaest

piętnaście

16

šesnaest

szesnaście

17

sedamnaest

siedemnaście

18

osamnaest

osiemnaście

19

devetnaest

dziewiętnaście

20

dvadeset

dwadzieścia

100

sto

sto

1.000

hiljada

tysiąc

1.000.000

milion

milion

engleski

Angielski

američki engleski

Angielski amerykański

kinesko mandarinski

Chiński mandaryński

hindi

Hindi

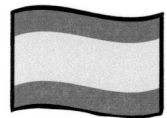

španski

Hiszpański

francuski

Francuski

arapski

Arabski

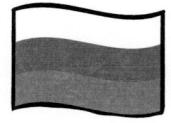

ruski

Rosyjski

portugalski

Portugalski

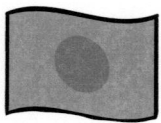

bengalski

Bengalski

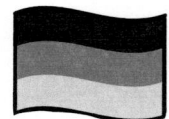

njemački

Niemiecki

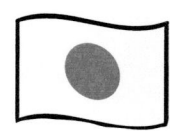

japanski

Japoński

ja
ja

ti
ty

on / ona / ono
on / ona / ono

mi
my

vi
wy

oni
oni

ko?
kto?

šta?
co?

kako?
jak?

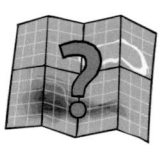

gdje?
gdzie?

kada?
kiedy?

ime
Nazwisko

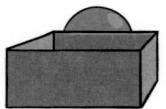

iza

za

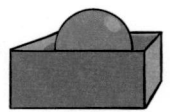

u

w

pred

przed

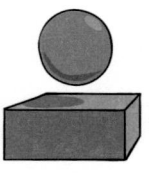

iznad

powyżej

na

na

ispod

pod

pored

obok

između

między

mjesto

Miejsce